빨간 스케이트

오병훈 시집

오늘의문학사

국립중앙도서관 출판시도서목록(CIP)

빨간 스케이트 : 오병훈 시집 / 지은이: 오병훈. -- 대전 : 오늘의문학사, 2015
p. ; cm. -- (오늘의문학시인선 ; 349)

ISBN 978-89-5669-679-9 03810 : ₩8000

한국 현대시[韓國現代詩]

811.7-KDC6
895.715-DDC23 CIP2015011182

빨간 스케이트

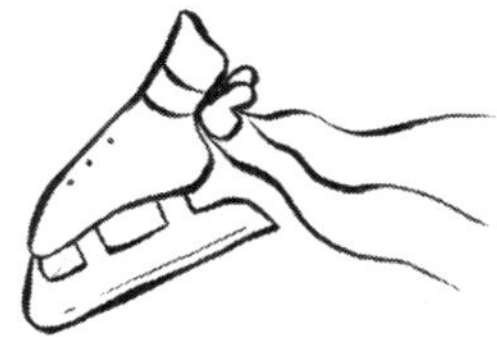

▌서문

시를 좋아하고 시인을 동경한 소년은 결국 시인이 되었다. 나의 가족은 언제나 나의 편이었고 조건 없는 사랑에 차가운 소년은 이제 따뜻한 낮빛의 어른이 되었다. 이제 나는 세상이 아름다운 걸 알게 되었다. 사람은 누구나 가슴 속에 작은 촛불 같은 사랑의 불티를 갖고 있다. 나의 소망은 그 불의 씨앗에 바람을 불어넣어 사랑으로 우리 모두가 뜨거운 화염에 휩싸이는 것이다. 나의 시가 누군가에게 작은 미풍이라도 되었으면 한없이 감사하고 행복할 것이다.

2015년 봄, 오병훈

차례

제1부 뜨거운 고백

제2부 그의 침대

제3부 별이 되다

제4부 손을 잡다

제1부
뜨거운 고백

심장의 반

그리운 건 사람이었다
내 심장의 반은 텅 빈 느낌
어딘가 누군가는 나와 같을까
내 심장의 빈 방을 채우고 싶다

자석

세상 어딘가 있을 나의 반쪽
나와 전혀 다른 모습의 여자일거야
우리가 달콤한 사랑에 빠진다면
나의 설탕젤리심장은 N극
그녀의 설탕젤리심장는 S극
내 심장이 사랑의 화살들을 발사하면 그녀의 심장에 날아가 무수히 꽂힐까
그렇담 그녀의 심장이 아프지 않도록
나의 사랑이 그녀 마음을 허전하게 한 심장의 빈 구멍들을 메꾸었으면, 딱 그만큼 사랑했으면 좋겠다
그래서 우리의 설탕젤리심장이 사랑의 강력한 자기력선으로 연결되었으면 좋겠다
그래서 우리가 하나의 커다란 자석이 되었으면 좋겠다

차가운 손

따뜻한 맘을 가진 너의 차가운 손
너의 손을 따뜻하게 녹이고 싶어
나의 뜨거운 손으로 꼭 잡고 싶어
매일 너의 손을 잡고 싶어
매일 너의 마음을 뜨겁게 하고 싶어
사랑은 혈액의 온도를 높이고
결국 너의 손도 뜨겁게 할 거야
그때 내가 너의 손을 놓아줄게

차가운 손이 몹시 외롭다면 날 찾아줘
난 항상 뜨겁게 널 사랑할 수 있으니

별

한없이 바라보아도 질리지 않는다
눈을 감아도 아른거린다
긴 밤이 낭만적으로 느껴진다
그건 오직 아름다운 너 때문이다

*희곡「비너스와 칵테일」수록작품

톡 talk

주저하다 말을 건다
대답이 없을까 두렵고
외로움이 부끄럽지만
나는 먼저 말을 건다
말을 건다는 건 용기
반가운 너의 답장에
무한히 기쁘다가도
전화를 걸지도 않고
만나 얘기하지도 않는
내가 문득 측은하다

내가 외로운 건
용기가 없기 때문이고
진정한 용기란 아마
손가락 지문으로
널 부르는 내가 아니라
떨리는 목소리로
널 부르는 내 모습인 것 같다

부드러운 햇살

달콤하고 감미롭게 흐르는 오후의 시간
거리를 흐르는 투명한 강물 같은 바람
반짝이는 풀숲에서 노래하는 벌레들
나에게 신비한 느낌을 준 건 신이 아냐
사랑스럽게 웃는 예쁜 당신이야

카페에서 차 한 잔 시키고 네 생각을 하면
음악이 부드럽게 나의 몸을 어루만져
작은 조명이 나의 맘을 따뜻하게 해
주위 사람들이 모두 행복한 대화를 하는 듯해
낯선 카페가 익숙한 편안함을 주는 건
다정하게 말 건네는 아름다운 당신
부드러운 햇살 같은 당신 때문이야

네 생각에 바보처럼 웃음이 나는 이유는
너를 좋아하는 어쩔 수 없는 마음 때문이야
그 이유 때문이야

신비

피곤한 몸으로 침대에 누우니 온 몸이 새벽 풀잎처럼 떨리다
이불을 꼭 끌어안고 다짐을 하듯 단단히 눈을 감는다
이불을 안은 팔에 힘을 주고는 고개를 돌려도 보고
숨을 크게 쉬어도 본다

힘들게 잠을 청하는데 문득
나의 감은 눈앞에 떠오른 사람
지친 내가 보고 싶은 사람
그 사람 생각이 머릿속을 맴돈다

그녀가 지금 내 곁에 있다면
나의 손을 잡아준다면
난 정말 그녀를 행복하게 해줄 텐데

그녀 생각을 하자
신비롭게

봄 햇살이 꽃을 비추듯
나의 맘이 포근해진다
온 몸이 따뜻해진다

장마 후

유난히 고요한 저녁 후텁지근한 공기
이런 날엔 잠들기가 어려운 걸

음악도 슬프게 들리고
거실엔 나 혼자 뿐이고

쓸쓸함에 한숨을 쉬니
곧 씁쓸한 웃음이 나네

어느새 밀물처럼 밀려온 어둠에
아파트의 발목이 깊게 잠기고

별빛과 달빛이 가로등처럼 켜지고
노랗고 하얀 불들이 아파트에 켜지면
곧 친구 같은 밤이 찾아오네

어느새 밤은 두렵지 않은 존재
이제 나이가 들어가는 증거일까
편히 잠들 수 있는 밤이 좋아지네

밤의 친근한 찬 공기가 좋아서
밤의 그 차가운 숨결이 좋아서

나는 침실 창문을 활짝 열고
밤의 이불을 덮고 잠이 드네
검은 우주의 끝을 덮고 잠이 드네

뜨거운 고백

너에게 사랑한다 고백한 그 날은
내게 황홀한 밤이었다
너 또한 나에게 황홀했다 고백한 그 다음날은
내게 아름다운 낮이었다
난 사랑이 뭔지 몰랐지만
그날 밤 더 이상 참을 수 없었고
사랑, 그 뜨거운 고통에
죄인처럼 자백하였다
난 자책감에 괴로웠고
네 앞에서 난 진정 죄인이었다
그런 나를 알 수 없는 죄로부터
구원해준 건
오직 아름다운 너의 미소뿐이었다

나비

나풀거리는 날개옷을 입고
사뿐히 나의 곁에 다가오면
나는 가만히 걸음을 멈추고
한참을 그대만 바라보네

그대는 아름다운 무용수
난 그대의 손짓 하나에도
넋을 잃고 그대를 따르네

그대는 너무나 마음이 고와
내 곁에 한참을 머물러 있네
천천히 나의 곁을 맴도네

난 그대의 매력에 빠졌어요
그대의 아름다운 춤사위에
이제 나도 어쩔 수가 없어요
나는 이제 그대를 사모합니다

옛날 사진

사랑에 아파하는 사람
사람에 아파하는 사람
눈물 흘리지 마요
한숨 쉬지 마요

지금 난 허허벌판의 민들레
훅 불면 날아가 버릴 한 덩이 씨앗
그렇게 생각하지 마요
사무치게 외로워하지 마요

빛바랜 사진 속 천진난만한 아이들
그 중에 예쁜 아이가 당신이잖아요
햇살이 눈부시던 골목을 뛰어놀던
우리들은 정말 행복했잖아요

다시 사진 속 유년으로 돌아갈 순 없어요
하지만 당신 마음의 아름다운 추억들
우리는 다시 만들 수 있어요

여전히 아름다운 당신과
눈부신 햇살과
변함없이 당신을 사랑하는 우리들은
지금도 그대로니까요

아름다운 너

세상에 있는 아름다운 것들을 떠올려봐
밤하늘의 별
담장의 장미
살을 스치는 바람
아침의 햇살
아기를 품은 어머니

그 아름다운 것들을 품고 있는 너를 생각해
별처럼 빛나는 눈동자
장미처럼 예쁜 입술
바람처럼 산뜻한 숨결
햇살처럼 싱그러운 미소
어머니처럼 포근한 마음

아름답다는 모든 것들이 네게 깃든 건
너의 순수한 영혼 때문일 거야
별이 머물고 싶고
장미가 시샘하지 않고
바람이 성내지 않고
햇살이 비추고 싶고
어머니가 안아주고 싶은
너의 아름다운 모습들

평범하고 남루한 일상의 세상

그 세상을 아름답게 만드는 건 바로 아름다운 너

아름다운 세상

어릴 적 아름다운 세상을 꿈꿨네
푸른 초원의 그림 같은 이층 집
부모님과 형제들이 사는 우리 집
나의 가장 아름다운 세상이었네

청년이 되어 고뇌를 하고
난 잠시 아름다운 세상을 잊었네
세상은 아름답지 않다고 단정하였네
누추한 인생의 비참한 말로
아름다운 건 자연뿐이라고 슬퍼하였네

그런 내가 번개처럼 깨닫게 되었네
아름다운 세상은 나의 곁에 있었음을
나를 사랑하는 어머니와 형제들
나의 눈에 그들이 보이기 시작했네

그리고 나의 눈에 보이는 세상 사람들
상처받고 외롭고 쓸쓸한 사람들
그들은 예전의 나처럼 슬퍼보였네
나는 이제 이야기하려하네

세상은 그래도 아름다워요
내가 이 세상에 살아있고
나를 사랑해주는 단 한 사람이 있다면

그래도 세상은 아름다워요
내가 아직 이 세상에 살아있고
나를 사랑해주는 단 한 사람이라도 있다면

우리 포기하지 말아요
아름다운 세상

사랑? 사랑!

당신을 바라보는 건 좋아하는 것
당신이 바라보는 건 사랑하는 것

좋아하는 건 나 홀로 맘껏 할 수 있지만
사랑하는 건 오직 당신이 바라봐주어야 할 수 있네

사랑에 목마른 나에게 나타난
오아시스 같은 당신

당신의 따뜻한 눈빛이
사랑이란 폭죽의 도화선이라네

느낌 좋은 날

아침에 일어나니 기분이 좋아
이유도 없이 그냥 웃음이 나와
잠에서 깼는데 정신이 몽롱해
가만히 앉아서 허공을 바라봐

난 그대의 한마디에 바보
사랑한다는 말도 아니고
좋아한다는 말도 아니고
보고싶다는 말도 아닌데
난 왜 이렇게 기분이 좋은지
단지 안부를 물었을 뿐인데
난 꿈결 속을 걷는 기분야
나비처럼 훌쩍 날아올라
하늘을 훨훨 나는 기분야

그대는 나에게 마법사
행복을 주는 착한 마녀
그대의 한마디는 마법의 주문
그대 때문에 왠지 느낌이 좋아
오늘은 정말이지 기분이 좋아

안개

그녀를 보면 내 가슴은 너무 뜨거워
그녀가 나의 가슴에 손을 가져대면
그 온도에 소스라치게 놀랄 것 같아

그녀와 나 사이에는 안개가 필요해
안개여 나와 그녀 사이에 와주렴

만약 그녀가 안개 속에서 길을 잃고
나의 마음을 향해 걸어온다면
난 가만히 사랑의 노래를 부를래
혹시 내 노래에 그녀가 귀를 기울이면
그녀 향한 나의 마음을 조용히 고백할래
그녀가 나를 만지기 위해 손을 내민다면
그녀의 손을 잡고 나의 가슴에 가져댈래
그녀가 쿵쾅거리는 뜨거운 가슴을 느끼고
그녀 향한 나의 진실한 사랑을 느낀다면
그때 안개야 우리 곁에서 물러나주렴
그녀와 나는 다정한 연인이 될 테니까

그대 생각

잠자리에 누워도 잠이 오지 않아
어두운 허공을 한참을 쳐다보네

눈을 감으니 머릿속에 떠오른 달
가느다란 초승달에 그녀와 내가 있네

초승달이 시소처럼 흔들거리네
그녀와 내가 달의 끝에 앉아 시소를 타네

한참을 타도 지루하지 않지만
문득 심술이 나 힘껏 내려앉으니
그녀가 스르륵 달을 타고 내려오네
나는 품에 포옥 들어온 그녀를 한참을 안고 있네

머릿속은 달빛으로 낮처럼 환하고
난 좀처럼 잠을 이루지 못하네

나의 바람

어둠이 커다란 날개를 펴고
땅 위의 모든 것들을 품습니다
어둠은 세상 모든 외로움을 잉태한
어미새입니다
어둠의 품 안에서 나의 마음속 외로움은
더욱 짙어집니다

내가 늘 어머니, 당신의 곁에 있다면
나는 더 외로울지 모릅니다
당신이 귀찮고 성가실지 모릅니다
나의 곁에 있는 당신의 걱정과 충고가
나의 맘 속 어둠의 동경을 불러일으킵니다

다시 홀로 있고 싶어진 나는 어둠의 품안에서
습관처럼 당신을 걱정할 것입니다

하지만 인생은 마치 농담처럼 가벼운 것을
이제 알아버렸습니다
바람처럼 당신이 떠나갈지도 모른다는 것도
알아버렸습니다
그 슬픈 상상은 어둠의 품안에서
나를 끄집어냅니다

이제 나의 바람은
당신을 두고 내가 먼저 떠나지 않는 것
그것뿐이고

진정한 사랑은
먼저 떠나지 않겠다는 약속을 지키는 의리
그것뿐입니다

언젠가 우리는 삶이란 긴 여행을 마치고
달디단 잠이 들 것입니다
그때 나는 후회 없이
긴 잠에 빠져들고 싶습니다

난 당신을 사랑하였고 그 사랑은
진정 후회 없었으니까요

11월의 추운 밤

사랑하고 있나요
11월의 추운 밤
사랑하고 있나요

그대 생각이 나면 일부러 다른 생각을 해요
그대를 잊었다고 나 자신을 속이기도 해요

우리의 추억이 아름다웠나요
그땐 너무 뜨겁고 순수했던 나였어요
일상은 우리가 만드는 짧은 드라마였어요

못 이룬 사랑이 후회되진 않아요
지금도 그대가 몹시 그립지만 참아야해요
사랑이 아름다운 기억이 되기 위해
애써 견뎌야해요
그대가 준 이별의 선물은
별빛 같이 아름다운 추억이에요

아름다운 그대여
우리 더 행복하기로 해요
그리고 아름답게 서로를 추억하기로 해요

11월의 추운 밤
추억으로 따뜻한 밤
그대가 몹시도 생각나는 밤

다시 만날 너에게

안녕
그동안 잘 지냈니

우리가 바삐 삶을 사는 사이
시간은 우습게도 많이 지났구나

넌 정말 예쁜 아이였어
어떤 멋진 표현도 부족했지
너의 소식을 알고 싶었던 난
넌지시 묻고 싶었지만
용기가 나질 않았어

세상에는 간직해서 더 아름다운
마음이 있으니까
순수한 그때 그 감정을
지금껏 지키고 있다는 걸
넌 몰랐을 거야

넌 마치 검은 우주를 비행하는
반짝이는 별이었어
난 너의 별빛만으로도 행복한
작은 풀꽃이 되기로 했지

아름다운 너의 모습을 보는 것
그것만으로도 만족하는 나는
너의 연인이 멋져도 질투가 나질 않고
오히려 기쁠 것 같아

아름다운 신부가 되는 날
나를 초대해줘
난 그때
나의 오랜 짝사랑을 끝낼 테니

사랑은,
어떤 욕심도 없는 사랑은
작은 조약돌이야
그 조약돌은 내가 가져도
누구도 시기하지 않고
누구하나 깨뜨리려 하지 않으니까

다시 만날 너는 어떤 모습일까
나의 가슴도 머리도
지금 무척 궁금해

제2부

그의 침대

달팽이

나는 달팽이처럼 껍질을 갖고 있다
나이를 먹을수록 껍질은 단단해졌다
껍질 속엔 약하디 약한 속살이 있다
만약 내가 걸어온 길이 잘못됐다면
껍질을 깰 수 있는 용기를 다시 갖고 싶다
다시 소년의 뜨거운 눈물을 흘리고 싶다

온기

내가 당신을 좋아하는 건 따뜻하기 때문입니다
당신의 손과 체온이 따뜻한 건 아닙니다
당신의 말과 얼굴빛이 내게 따뜻한 것입니다
당신의 온기는 따뜻한 밥처럼 내게 하루를 살 힘이 되었습니다
점점 세상과 사람들이 차가워지고 있습니다
당신은 화롯불처럼 나를 슬프고 독한 찬바람으로부터 지켜 주었습니다
나도 이제는 누구나 따사로이 몸을 녹일 수 있는 장작불이 되고 싶습니다

로맨틱 코미디

로맨틱 코미디를 좋아하는 사람이란
낭만적이고 웃기는 사랑이야기를 좋아하는 사람
낭만적이란 건 현실적이 아니며 환상적이고 공상적인 것
웃기다란 우스꽝스런 행동이나 말로 남에게 웃음을 주는 것
돈키호테를 쓴 세르반테스가 아마도 로맨틱 코미디의 대가였을 것 같다
돈키호테의 열렬한 구애를 받은 시골처녀는 얼마나 황당하고 얼굴이 뜨거웠을까
돈키호테가 정신 줄을 회복하고 시골처녀 그대로의 모습을 찬양했다면 둘은 어쩌면 뜨겁게 사랑했을지 모른다
그녀에게 돈키호테는 낭만적이고 웃기는 남자였을 테니까
나도 멋진 돈키호테가 되어 아름다운 공주님을 꼭 구하고 싶다

기차

창 밖 풍경이 굵은 바람처럼 스쳐 지나간다
시간을 거슬러 기차가 추억 속으로 달린다

아픈 추억의 정거장들을 지나니 종착역에 그네를 타는 한 아이가 있다
그 아이는 가슴 설레며 마냥 행복하였다
그와 그네가 흔들리는 것이 그 행복의 이유였다

흔들리는 열차에서 난 그 단순한 행복을 다시 느낀다
안락한 의자, 밝은 햇살, 따뜻한 공기

나의 앞에 슬픔과 아픔과 고통이 어두운 터널처럼 기다린다 해도
난 반드시 지금 이 순간을 행복해하는 어른아이가 되고 싶다

뿔

남자로 태어나 뿔을 갖고 싶었다
날카롭고 단단한 수컷의 상징
남자는 천생 동물인 걸 깨닫게 된 후
뿔이 천천히 자리를 잡고 움트게 됐다
동물의 세계에선 뿔만이 절대적 무기다
암컷을 제압하는 거부 못할 강력한 매력
순진했던 시절엔 여자를 탓하기만 했다
순박한 남자를 몰라주는 무정한 여자들
하지만 뿔 없는 수컷은 암컷을 지킬 수 없고
약육강식의 세계에 사랑은 작은 촛불과 같다
난 강력하고 단단한 뿔의 끝을 오늘도 날 세우고 있다

튀는 모자

조카들 설 선물로 대전신지하상가에서 모자를 샀다
세 개를 사고 튀는 모자 하나를 더 샀다
튀는 모자는 나 자신에 대한 선물이다
무난하고 겸손하게 살자 노력했던 나
이젠 재미없고 특징 없는 남자가 돼버렸다
나쁜 남자가 개성 없는 남자보다 사랑받는 세상
이제부터라도 튀는 남자가 되고 싶다
유일무이한 남자가 되어 독하게 사랑 한번 꼭 해보고 싶다

반추

더운 공기에 정신과 몸이
해파리처럼 흐느적거려
조치원역전 카페에 빨려들 듯 들어갔다

상큼한 음악이 울려 퍼지는 카페가
추억을 한 모금 한 모금
되새김질하게 하다

현재를 불덩이처럼 살고
미래를 수학자처럼 계획하고
사랑을 수거미처럼 갈구하면서
난 외로웠고 지쳐있었다

추억을 곰곰이 떠올리며
한 자씩 써내려간 메모일기

나의 일기엔 다시 핀 꽃처럼
되살아난 따뜻한 사랑
일기 속 나는 외롭지 않은 사람
일기 속 나는 사랑 받은 사람

아름답다

신이 이 땅 사람들을 축복하기 위해 내려 보낸 너
너를 보면 행복하고 너를 생각하면 한없이 설렌다
네가 웃으면 세상이 웃고
네가 눈물지으면 세상도 슬퍼하는
누구나 사랑할 수밖에 없는 그대여
넌 정말 아름다운 사람
넌 정말 아름다운 여인

*희곡「비너스와 칵테일」수록작품

탈출구

사는 게 힘들 때
고난의 연속일 때
그래도 탈출구는 있어
사랑, 러브, ♥
그 속으로 도피해
너를 기다리는 사랑의 호수
그 속으로 널 빠뜨려
숨을 못 쉴 때까지
정신을 잃을 때까지

슬픈 그들

흔들렸다
그녀는 그의 아픔에 마음이 흔들렸다
그녀는 그를 위로하였다
그는 잠시 그녀의 친구가 된 듯 했다
하지만 그녀는 이내 다시 차가워졌다
그녀는 언제나 그녀일 뿐이었다
그는 다른 누군가를 찾아야만 했다

뜨거운 희망

희망이 뜨거운 적이 있었다
신춘문예의 시즌이 되면 전국의 문학청년들은
저마다의 희망으로 가슴이 요동친다
하지만 긴 낙담으로 난 이제 가슴이
콩닥콩닥 거리지 않는다
신춘문예 공고보다 대전시티즌의 승리소식이
나를 더 설레게 한다
그 낙방의 오랜 학습은 가슴도 뛰는 걸 귀찮게 만드는 모양이다
하지만 이젠 의무감으로 신춘문예에 동화투고를 한다
오랜 나 자신과의 약속이행이라고나 할까
내 실력이 부족한 걸 알지만
끈기가 좋기 없는 작가의 미덕이라는 걸 알고 있다
꿈을 포기하면 나에게는 냉정한 현실만 남을 것이다
꿈은 현실을 버티고 견디게 해주는 무지개이다
무지개는 금방 사라지지만 그 아름다운 순간은
여운으로 가슴에 오랫동안 남는다
무모한 도전은 올해도 계속된다
이제 글쟁이들의 파티는 시작되었고
파티의 주인공이 누군지 아직 아무도 모른다

그의 침대

그의 침대에는 한 마리의 악어가 산다
한 번 물리면 살점이 떨어져 나가고 뼈가 보일 만큼 날카로운 이빨을 가지고 있다
그의 이불은 검은 늪 위에 떠있는 아름다운 분홍 수련이다
이불 밑에는 거대한 앨리게이터가 눈을 희번득거리며 천천히 유영을 하고 있다
악어는 조급해하지 않는다 그가 자신의 영원한 포로라는 사실을 잘 안다
그는 악어를 숭배한다 매일 밤 그는 악어에게 자신의 먹음직스런 살점과 하얀 뼈를
제물로 바친다 악어가 그의 살점을 뜯을수록 의식은 점점 혼미해진다
그가 불면증에서 벗어난 것도 악어의 덕분이다 지난 장마 폭풍우가 몰아치던
여름밤 꿈에서 그는 처음으로 악어를 만났다
5년 간의 실직이 그를 한 병 반의 소주 없이는 잠들 수 없게 만들었고 그런 그에게
악어는 구세주 같은 존재이다
악어는 조금씩 조금씩 그의 살점을 뜯어먹는다 하지만 고통은 잠시뿐
피를 흘리면 흘릴수록 그의 정신은 혼미해지고 그는 이내 아득하고 깊은 잠에 빠져든다

언젠가 악어는 그의 육신뿐만 아니라 영혼까지도 탐할지 모른다
비내리는 검은 밤 그는 지금도 악어를 만나기 위해 검은 늪 위에 몸을 누인 채
분홍 수련 이불을 덮고 있다

대전

태양은 도시를 뜨겁게 달구고
거리의 청춘들은 눈이 부시다

내 젊음을 같이 한 도시 대전
네 안에선 뜨거운 맥박이 뛴다

친구와 가족과 연인을 만나러
버스를 탄 한껏 설레던 나를
언제나 반겨주던 도시여

사랑에 서툴던 외로운 한 아이는
너의 품에서 사랑을 알게 되었고

골목길을 밤새 뛰놀던 그 아이는
불 꺼진 도시의 슬픔과 가난까지
사랑하게 되었으니

넌 이미 나의 자애로운 어머니이라

너를 떠나 삶의 터전을 마련하니
널 향한 그리움은 나의 운명이라

물총

누나네 조카들이 물총을 놓고 갔다
물총싸움을 하고 깜빡한 것이다
베란다에 놓인 물총 두 자루를 보고
문득 아프리카의 아이들이 떠올랐다
내전과 가뭄으로 고통 받는 아이들이
물총싸움을 보면 어떤 생각이 들까
총싸움처럼 살벌하지 않은 물총싸움
그들의 총에서 물이 나온다면 얼마나 행복해할까
서로에게 축복을 쏘아대며 얼마나 즐거워할까
만약 세상의 총들을 다 녹슬게 하고
물총으로만 싸움을 하게 한다면
그것이 천국에 있는 유일한 싸움일지 모른다
아프리카가 천국의 싸움터가 되는 날이 온다면
난 진심으로 기쁠 것이다
난 진심으로 행복할 것이다

낡은 전화부스

사람을 그리워하는 낡은 전화부스
누군가 수화기를 들고 말을 건네면
세상 저 너머 사람에게 그 말을 전하는
가난한 이에게 꼭 필요한 낡은 공작물

습관처럼 혼자 어두운 밤을 견디고
고독과 슬픔을 숙명처럼 받아들여
이제 영원히 잠들고 싶은 마음뿐이지만

남루한 작은 공간에 누군가 들어오면
눈빛을 반짝이고 그의 말에 귀 기울이는
낡은 전화부스는 가난한 이의 벗이었네

세상이 부유해지고 휴대폰이 넘쳐나도
소외되고 가난한 이는 언제나 있으니
그들을 잊지 않고 묵묵히 기다려온 건
자신 또한 외면 받은 낡은 전화부스였네

우리가 늙고 잊히고 외로워져도
삶을 포기하지 않고 꿋꿋이 사는 건
낡은 전화부스처럼 누군가가 우리를
필요로 한다는 굳은 믿음 때문이리라

하얀 나비

산책길에서 만난 하얀 나비 두 마리
너무 반가워 한참을 바라보았지

양배추 밭에서 노니는 하얀 나비야
나는 너희가 다 떠난 줄 알았단다
사람인 나도 너희가 그리웠는데
꽃은 너희를 얼마나 그리워했을까
그동안 꽃은 어떻게 사랑을 했을까

나비가 없는 들판은 너무 황량해
세상에 오직 사람만이 가득하다면
조물주도 이 땅을 외면하겠지
멸종된 생명들이 보고파 슬퍼하겠지

들판이 아름다운 건 너희들 나비 덕분이지
하얀 나비야 우리를 떠나지 말렴
꽃처럼 사람도 너희를 그리워한단다
꿋꿋이 살아남아 아름답게 날렴

못난 우리도 너희와 같이 살고 싶어서
더불어 살아갈 세상을 이제 꿈꾼단다
부디 조금만 더 힘을 내 견디어주렴

동화

어른이 되면 잊을 줄 알았다
어릴 적 꿈꾸던 아름다운 동화

동화 속 주인공은 항상 나였지
아이의 상상이란 유치하지만
그래도 세계평화를 꿈꾸던 아이
맘속에 들어있는 평화로운 세계
나이가 들면 철이 들어야하는데
자비 없는 냉정한 이 세상에서
평화로운 세계를 꿈꾸는 어른인
그 아이는 결국 사회의 주변인
직업 없는 백수 신세가 됐지

할 수 있는 유일한 것은 시 쓰기 뿐
나는 시가 없이는
존재의 의미를 찾을 수 없었지
시는 어쩌면 마지막 몸부림이었지

하지만 기적같이 등단을 하자
나는 어쩌면 이 세상에 내가
쓸모가 있을 수 있겠다 생각했지

글이란 단순한 문자의 나열이지만
나에겐 세상을 아름답게 칠하는 붓
폭력과 위선에 맞서는 부드러운 무기

내가 지금도 포기하지 않는 건
삶과 가족과 진실한 우정과
아름다운 동화 같은 세상이라네
나는 아직도 꿈꾸는 아이라네

아름다운 추억

삶이 고단할수록 추억은 더 아련해진다
추억은 지쳐 주저앉은 이에게
한 움큼의 희망이다

추억이 아름다웠다고 말하는 이를
동정의 눈길로 바라보지 마라
슬픈 사람은 추억의 힘으로 슬픔을 이기고
외로운 사람은 추억의 힘으로
외로움을 이긴다

인생이란 결국 추억을 남기고 떠나는
고독한 여행이다

남루한 삶에도 사랑이 있고
아름다운 인연이 있다
아름다운 추억이란 그토록 아름답게
인생을 살았다는 증거이다

마지막으로 눈을 감는 순간
결국 그 그리운 추억 속으로
되돌아가는 것이다

행복한 깊고 깊은 잠
그것은 인생이란 여행의 마지막 목적지인
천국일지도 모른다

거리에서

새벽에 버스를 타기 위해 대전의 거리로 나왔다
늦가을의 거리는 아직도 어두운 밤의 품 안이다

자동차 몇 대가 고양이처럼 눈동자를 밝히고
무겁고 촘촘한 공기를 뚫고 지나간다
사람들은 단단히 옷깃을 여미고
딱딱한 걸음걸이로 거리를 바삐게 걷는다

삶의 매 순간이 아름다울 순 없지만
추억은 아름다울 수 있다
세찬 소나기에 온 몸이 흠뻑 젖어도
무지개를 보면 웃을 수 있는 것처럼 말이다

새벽거리가 애잔함과 서글픔을 주던 때가 있었다
세상을 보는 나의 눈동자는
항상 슬픔의 강물이 출렁거렸다

이제 난 사랑을 노래하고 행복을 이야기한다
새벽의 거리도 어두운 밤도 아름다워 보인다

내 인생의 가을이 지나가면 오는 겨울이
두렵지 않다
봄이 오지 않을지언정
추운 겨울에도 나의 마음은 언제나
햇살처럼 따뜻할 것이다

구슬치기

어릴 적 동네친구들과 했던 구슬치기
주머니에 손을 넣으면 한 움큼 잡히던 행복
친구에게서 예쁜 구슬을 따면
하늘을 날 듯 기뻤고
행복이란 그처럼 가깝고 사소한 것이었다

문방구에서 백 원이면
한 움큼 살 수 있었던 투명한 유리알들
그곳은 어린 나에게 행복의 화수분이었다

다시 초등학교 앞 문방구를 가 봐도
설레지 않고
텅 빈 학교 운동장은 왠지
쓸쓸하고 슬퍼 보인다
지금 나의 마음에
구슬 같은 아름다운 것들이
행복의 조건이 아니기 때문일까

행복이란 순수한 마음에 찾아드는
한 마리 파랑새 같다

제3부

별이 되다

행복 · 1

행복, 그것은 나의 주변에 있었네
스치고 지나가던 평범한 거리풍경처럼

글을 쓰는 이유

업무하면서 생기는 스트레스를 글로 푸는
내 자신이 참 특이한 것 같다

보이는 것이 주는 위안과
보이지 않는 것이 주는 위안
화려한 거리, 맛있는 음식, 재미있는 영화
보이는 것이 주는 위안이 강렬하고 순간적이라면
사랑, 우정, 꿈, 희망
보이지 않는 것이 주는 위안은 희미하지만 여운이 길다

나의 꿈은 애초에는 우리 가족이 행복해지는 것이었다
그 꿈이 나 자신도 행복해지는 것으로 확장되었다
이타적인 남자에서 이기적인 남자가 추가된 것이다
연민, 내 꿈의 근원은 연민이었다
가족에 대한 연민이 사랑으로, 나 자신에 대한 연민이 또한 사랑으로 바뀐 것이다

작가가 되겠다는 꿈
책으로 큰돈을 벌겠다는 꿈
그 돈으로 가족들과 멋지게 해외여행을 다니는 꿈
그 꿈을 꾸면 참 행복하다
희망이란 꿈 속 장면이 아주 작은 확률이지만
현실에 나타날 때 그 찰나의 순간을
일컫는 말일 것이다

뜨거운 가슴

사람을 대할 때 가장 중요한 점은
진심으로 내가 그를 대하는 것인가이다
만약 진심으로 사람을 대하면
설령 상대방이 화가 나더라도 나에게 마구 그 분노를 퍼붓지 못할 것이다
나의 진심을 그도 느끼기 때문이다
그동안 나는 진실한 사람이 되고 싶었다
일이든 사랑이든……
나에게 필요한 건 뜨거운 가슴임을 이제 확신한다

세상을 사는 이유

세상을 사는 이유가 뭘까
내가 태어났기에 그냥 살아지는 걸까
부모님이 나를 낳으시고 형제들과 함께 자라면서
사회의 사람들과 교류를 하고
난 지금 성인이 되었다
어른이 된 지금 세상을 사는 이유
삶의 이유가 뭔지 나름 고민하곤 한다
나는 자연을 사랑하고
나는 이성을 사랑하며
나는 신을 사랑한다
그리고 나는 인간을 사랑한다
세상을 사는 이유는 사랑하기 위해서이며
인간이 인간을 사랑하는 것
그것이 세상을 아름답게 만드는 유일한 사랑인 것 같다

연민

어머니 시골집에서 키우던 강아지가 봄이였는데
봄이는 시골집을 지키는 개였다
어머니는 읍내에서 사셨고 시골집엔 자주 내려가지 않으셨다
우리 형제들과 어머닌 오랜만에 시골집에서 모이게 되었다
대문을 여니 마당에 풀이 무성하였다
봄이는 어머니를 보고는 정신없이 달려들었다
어머니에게 안기려고 하고 우리들에게도 온갖 아양을 부렸다
근데 갑자기 봄이는 기분이 좋아서인지
마당을 정신없이 뛰어다녔다
우리는 봄이가 저러다 다칠까 걱정이 되었다
아니나 다를까 봄이는 다리를 접질리고는 다리를 절뚝이는 게 아닌가
어머니에게 절뚝이는 다리로 안기려 하는 걸 보니 마음이 아렸다
얼마나 사람이 그리웠으면 그렇게 좋아 뛰었을까

내가 대전에 살 때였다
우리 빌라 옆에는 고추장 공장이 있었다
동네 아주머니들이 많이 근무하셨다
슈퍼에 가려고 집을 나왔는데
슈퍼 근처에서 도시락을 들고

공장을 향해 바삐 걷는 아주머니가 있었다
아주머닌 작업복을 입고 도시락을 품에 안고 바삐 걸으셨다
점심시간이 얼마 안 남았는지 주위시선이 창피했는지
아주머닌 뛰기 시작했다
근데 내 근처에서 아주머니는 넘어지셨다
도시락의 밥이 흙바닥에 쏟아지고
반찬이 흩어졌다
난 그 순간 그 분을 외면했다
차마 그 분과 눈을 마주칠 수 없었다
우리 어머니 연배의 아주머닌
얼른 도시락을 주워서 다시 공장을 향해 뛰어가셨다
아주머니는 쏟아진 밥에 얼마나 가슴이 아팠을까

나는 아직 연민이 많이 남아있는 사람일까
그랬으면 정말 좋겠다

위로

누군가의 따뜻한 말
누군가의 따뜻한 손길
내 괴로움과 슬픔의 지우개

하루가 간다

오늘도 하루가 간다
허무하고 쓸쓸하다
하루를 기쁘고 즐겁게 보내려고 했는데……

무언가 만날 수 있다면
누군가 만날 수 있다면
설레는 하루가 될 것 같다

나쁜 만남이 기다리지 않는 걸로 위안을 삼아야 할까
긴장으로 하루가 정신없이 간다면
그것은 정말 슬픈 일이다
억지로 어떤 좋은 만남을 기약하게 만드는 것이 습관이 된 것 같다

기쁨은 어쩌면 허무의 여러 뽑기 막대 중 하나의 로또 같은
당첨인지 모르겠다

촛불

어둠 속 초 한 자루가 있다
차가운 공기가 어둠 속에 가득하다
차가운 어둠은 지독히 외롭다
초는 눈을 감고 간절히 기도를 한다
외로운 초의 몸에서 환하게 빛이 난다
뜨거운 눈물이 하염없이 흐른다

삶

인생을 알아가며 시를 쓰고 싶어졌다
나이 지긋한 어르신들이 내 시를 읽자
나는 몸 둘 바를 모르게 부끄러워졌다
그분들은 삶이 시인데
나는 어렵게 시로 삶에 대해 쓰고 있다
방긋 웃어주시는 살아있는 시들
더 열심히 더 반듯이 시를 써야겠다

슬픔의 미덕

부부가 되어 세상의 험난한 물살을 한 젊은 남녀는 거슬러왔다

영화처럼 만난 그들의 사랑은 슬픈 엔딩의 드라마였다

부모가 된 가난한 그들은 자식들에게 슬픔의 유전자를 심어 주었다

그리고 남자는 한 줄기 담배연기처럼 허무하게 허공으로 사라졌다

여자는 슬픈 눈빛을 진한 화장으로도 감출 수 없었다

하지만 간혹 슬픔은 약자가 약자를 사랑하게 하는 미덕이 된다

여자와 자녀들은 서로가 서로에게 위안이 되었다

그들에게 서로는 축복이었다

행복 · 2

느리게 걷고 싶다
행복이란 친구가 나를 따라올 수 있도록
욕망을 향해 뛰다 멀어진 그 친구의 손을 잡고 같이 걷고 싶다

이별

이별이 가슴 아픈 이유는 심장이 울고 있기 때문이다
사랑하는 사람과의 이별은 가슴 속 심장이 흐느끼게 한다
애써 눈물을 참아도 가슴 속엔 짜디짠 슬픔의 물이 고여 간다
만약 사랑하지 않았다면 이별은 그저 잠시 타인의 뒷모습을 바라보기이다
진정 사랑한 이들의 이별선물은 굳게 잡았던 서로의 손을 놓아주는 것이다
그리고 서로에게 아름다운 추억으로 기억되는 것이다
그것이 가슴 속 심장이 울보가 되지 않는 유일한 길이다

처진 어깨

우연히 본 그 누군가의 처진 어깨
그건 깊은 슬픔이었다
씩씩하고 자신만만한 말투와 행동
조금은 시기하는 마음이 있었는데
이젠 난 완전히 다른 생각의 사람
호기로운 허풍이 좋아 보이고
타인에 대한 거만이 좋아 보인다
그를 믿고 의지하는 가족들에겐
숨을 들이켜 풍선처럼 부풀린 그의 가슴이
지뢰처럼 터지는 삶의 위협들을 피해 숨을 방패이며
긴 밤 포근하게 머리를 누이는 안락한 베개일 것이리라

길을 가다

짐승은 어미가 앞에 서고 새끼가 뒤를 따른다
간혹 새끼가 앞서면 어미는 가던 길을 멈춘다
새끼는 이내 뒤로 오고 어미는 다시 길을 간다
사람은 짐승과 달리
나이가 들면 새끼가 어미 앞에 선다
그리고 어미가 새끼 뒤를 따른다
어미가 한참을 뒤쳐지면 새끼는 하염없이 기다린다
어미가 새끼손을 잡고 열차처럼 따라 간다

잠들지 않는 이유

아픔과 고통을 가진 생명은 잠이 들면 우주의 일부가 된다
중력을 잃어버리고 점점 떠올라 우주 저 끝으로 날아가려는 순간에
세상의 평범한 거리와 사람들이 사무치게 그리워져
결국 그가 애써 잠에서 깨어나는 이유는
아직 이 세상에서 못 다한 사랑이 있기 때문이며
아픔과 고통을 받아들일 용기가 그의 가슴에 누룽지처럼 남아있기 때문이다

정글

우리들이 사는 이 땅은 이젠 정글일까
인간은 점점 퇴화되어 유인원이 될까
어쩌면 최초의 인간은 외톨이일지 모른다
야성의 동료들에게 당한 슬픈 따돌림
혼자 강가에 앉아 서럽게 우는 한 짐승
사색을 거듭하여 깨뜨린 짐승의 껍질
내가 지금 사랑할 수 있는 건 뭘까
내가 지금 이해할 수 있는 건 뭘까
내가 지금 용서할 수 있는 건 뭘까
뜨거운 눈물에 짐승의 껍질은 녹았으리라
짐승의 껍질은 모두 씻겨 내려갔으리라

전등

잠이 오지 않아 몸을 한참을 뒤척였다
설핏 잠이 들었다
어둠 속에서 무언가 반짝였다
그건 아름다운 작은 불빛이었다
나의 맘을 이끈 그 신비한 불빛에
가슴은 두근거렸다
하지만 다가갈수록 마음은
담담해지고 차분해졌다
그 신비한 불빛은 천장의 전등이었다
어쩌면 행복은 그처럼 가까이에 있는지 모르겠다

별이 되다

작은 소행성 하나 우주를 떠돌다가
아름다운 지구의 매력에 매혹되어
이내 돌진한다
그리고 별처럼 아름답게 빛을 내며
온 몸을 아낌없이 불태운다

누군가 검은 우주같이 막막한
세상에서 힘들어한다면
강렬한 사랑을 할 대상을 찾아야한다
그리고 자신의 온 몸이 뜨거워지도록
순수하고 아름다운 사랑을 해야 한다
설령 정열과 순정이 다 타버려서
부스러기만 남더라도
사랑의 빛은 아름다웠고 눈부셨으며
주위의 어둠을 밝히는 별빛이 되었으리라

하루

하루가 즐거운 건 기대할 무언가가 있기 때문이다
그 무언가가 좋을지 나쁠지 알 수 없지만
나를 설레게 하는 마력이 있다
아침이면 생겼다가 밤이면 사라지는 마력
그 반복되는 일상이 주는 행복

고단한 일상

하루가 지나갔다
요즘 하루 중 가장 즐거운 시간은 잠자리에 들 순간이다
오늘도 보람 있는 하루였다 생각한다
하루가 모여 일주일이 되고 그리고 일 년이 되는
단순한 진리가 몸으로 느껴진다

비빔면

요즘엔 밥 먹는 것이 큰 숙제다
비빔면이 있어 참 좋다
왼손으로 비비고 오른손으로 비벼도*
암튼 맛있다
친한 후배의 비빔면 예찬에
나도 따라하게 됐다
다른 라면은 당분간 쉬어야겠다

*팔도 비빔면 광고 내용 인용

제4부

손을 잡다

취직

아직 해드린 것 하나 없는데
어머닌 자꾸 고맙다고 하시네

대마도 여행

부산에서 쾌속선을 타고 대마도에 갔다
해외여행을 해 본 적 없는 어머니와 난
한껏 설레며 대마도 작은 항구에 내렸다
부산항에서 날씨가 흐려 걱정을 했지만
하늘이 우리에게 맑은 날씨를 선물했다
대마도의 낯선 거리와 낯선 작은 차들이
외국여행의 부푼 호기심을 채워주었다
대마도의 거리를 걸으며 모든 풍경을
마음에 사진처럼 담아두었다

우리 모자는 대마호텔에서 짐을 풀었다
대마도 최고의 호텔이라는 대마호텔
어머니와 나는 그 소박한 방 크기에
황당하고 재미있어 한참을 웃었다

우리는 대마도의 이곳저곳을 다니며
그곳에 서려있는 많은 이야기를 들었다
덕혜옹주의 기구한 인생이야기를 들으며
그녀의 작고 초라한 결혼 기념비가
대한제국의 슬픈 마지막 뒷모습 같아 가슴 아팠다

1박 2일의 소박한 해외여행을 마치고
대전역으로 무궁화호를 타고 오며
어머니는 깊은 잠에 빠지셨다
비록 가까운 섬 대마도 여행이지만
어머니는 여행을 가기 전 무척 설렜다
어머니에게는 시골풍경의 대마도가
조금 실망스러울지도 모르겠다
하지만 더 멋진 곳으로 가기 위한 첫 걸음을
이제 우리는 내딛었다

복실이와 밥

우리 집으로 들어온 복실이
엄마를 걱정하는 여동생의 선물이었다
밥을 주면 좋아하고 배고프면 우는 복실이
처음엔 밥을 줘도 우는 이유를 몰랐다
마당에 집을 만들어 주고는 복실이가 밤에 별도 볼 수 있다고 만족해했다
하지만 사실 복실이는 덩그런 마당에 혼자 있는 게 무서웠나보다
비가 와 창고에 새 집을 마련해 주자 오랜 복실이의 울음은 그쳤다
이제는 우리 집과 우리들에게 적응이 됐는지 마당의 집에서도 잘 지낸다
별도 보고 바람도 쐬고 비도 맞는다
밥 주는 것이 귀찮아 밤늦게 주면 복실이가 슬프게 울음을 운다
밥그릇에 소복이 밥을 담아주면 마냥 좋아하는 복실이
배고픔이 복실이의 삶을 단순화 시켰다
모든 집지키기 개들이 이런 과정으로 자신의 삶에 만족하고 파수꾼이 되나보다
한 방에서 살 수 없는 우리들과 복실이
나름 자신의 처지에 만족해하는 순한 복실이라서 다행이다

내가 좋아하는 것들

난 어머니의 잔소리를 좋아한다
난 우리 집 개 복실이를 좋아한다
난 조치원역전의 거리를 좋아한다
난 아름다운 여인과의 사랑을 좋아한다

어머니의 잔소리는 아직 이 세상에서 같이할 시간이 남아있다는 뜻이며
우리 집 개 복실이는 가만히 바라보면 깊은 연민이 들기 때문이며
조치원역전의 거리는 어른이 된 나를 변함없이 기다려주었기 때문이며
아름다운 여인과의 사랑은 내 남은 생에 시들지 않는 활기를 주기 때문이다

어머니와 복실이와 조치원역전의 거리와 아름다운 여인과의 사랑과는 언젠가 이별을 하겠지만 그 예정된 슬픔이 두렵진 않다

빨간 스케이트

조치원의 시골 논은 겨울이 되면 마법처럼 멋진 스케이트장이 되었다

누나가 그 얼음나라에서 실컷 타고 물려준 빨간 피겨스케이트가 난 너무 창피했다

검은 색 페인트를 칠해준다는 아버지의 말에 난 버럭 짜증을 내었다

눈이 펑펑 오던 날 새벽에 아무도 몰래 빨간 피겨스케이트를 신고 골목길로 나갔다

그리곤 신나게 스케이트를 탔다

인적 없는 골목에서 가로등 불빛은 너무 따스했다

얼음이 언 저수지를 보면 그 빨간 스케이트가 떠오른다 그리고 아버지가 생각난다

왜 그때는 그리 부끄러움이 많았을까

왜 그때는 그리 남의 눈을 의식했을까

아버지는 약한 나뭇가지 같은 소심한 아들이 얼마나 안쓰러웠을까

이제 스케이트 색깔 따위는 아무렇지 않다

아버지가 변한 지금의 나를 보셨다면 얼마나 기뻐하실까

그래 남자는 뭐든지 할 수 있는 거야

아버지가 해주는 칭찬을 어린아이처럼 듣고 싶다

손을 잡다

어머니의 손을 꼭 잡았다
어릴 적엔 길을 잃을까 두려웠다
어머니를 놓칠까 겁이 났다

어머니의 손을 꼭 잡는다
이제 어머니가 길을 잃을까 두렵다
어머니를 놓칠까 겁이 난다

어머니가 나의 손을 꼭 잡는다
고맙다
그 말이 단단히 잡은 손에서 느껴진다

내가 어머니의 손을 꼭 잡는다
제가 더 고마워요
그 말을 삼킨 채 단단히 손을 잡는다

어머니

밤하늘에 뿌려진 설탕 같은 별들
그 별빛에
어둠도 바람도 사랑할 수 있네

거친 들판에 핀 풀꽃 같은 당신
그 꿋꿋한 자태에
이해 못할 미움도 시기도 이겨낼 수 있네

별들이 닿을 수 없는 높은 곳에 있는 건
별빛이 더 아름답고 고귀해 보이기 위함이고

당신이 손이 닿는 가까이에 있는 건
우리 자식들에게 잊히길 두려워하기 때문이리

우리에게 별빛이 아름다운 건 당신이 아직
살아있기 때문임을 이제 알았네

황당한 일

어머니께 스마트폰을 사드렸다
액정 필름지를 붙이기 위해 대리점에 들르니
직원이 묻지도 않고 지문 안 묻는 필름지를 붙이는 것 아닌가
그러면서 특별 서비스라고 하며
다음에 휴대폰 바꾸려면 자기한테 오라고 한다
우리 엄마 눈이 나빠서 미러필름지 붙여야 하는데……
이 말이 입안을 맴돈다

결국 다음날 다른 대리점에서 다시 미러필름지로 바꿔 붙였다
타인이 원치 않는 호의는 안 하느니 못하고
타인이 원하는 일은 아주 사소한 거라도 그 사람을 기쁘게 한다

부산역

KTX를 타고 대전을 출발하여
부산역에 도착하였다
광장의 낯설고 차가운 공기에
어머니와 나는
잠시 몸을 움츠렸다
3월의 차가운 비와 바람은
이런 우리를 경계하듯
온몸에 휘몰아쳤다

그러나 부산은 언제나
설렘과 동경의 도시다
나도 어머니도
새벽의 도시에서
한참을 두리번거렸지만
우리의 눈빛은
맑은 물방울처럼
투명하게 떨렸다

싸고 깨끗한 호텔에서
잠을 자고 싶었지만
어머니는 한사코

낯선 행인이 알려준
찜질방으로 가자고 했다

대마도를 가기 위해
야간열차를 타고 온
나와 어머니
첫 해외여행에 어머니는
이제 죽어도 여한이 없다며
감당하기 버거운
감사인사를 했다

이 소박한 해외여행이
한 여인에게는
사별한 남편과 못 가본
신혼여행이자
평생 꿈꿔왔던
이국여행이었다

아침이 될 때까지 나는
여행의 설렘보다는
슬프고 아린 감정에
잠이 들지 못했다

찜질방을 나오면서
어머니와 나는 우습게도
현관에서 기념사진을 찍었다
부산도 부산역의 찜질방도
그녀 인생의 가장 화려한
추억의 시작이었다

중고 노트북

시골집에 주문한 노트북이 왔다
어머니에게 선물한 것이다
중고 모델이다
어머니가 요즘 세상의 흐름을 따라 가시라고
한대 구입한 것이다
일 년 전쯤엔 스마트폰을 사드렸다
중고를 사서 드렸더니 무척 기뻐하셨다
그런데 주위에서 다른 의견이 쏟아졌다
할머니에게 무슨 스마트폰이 필요하냐는 말이었다
난 그렇게 생각하지 않는데
주위에서 말들이 너무 많으니 의기소침해졌다
근데 어머니는 그 폰을 친구들과 동네 사람들에게 자랑하시며
우리 아들이 사준 거라며 뿌듯해하셨다
그리고 나에게 이제 창피하지 않다고 하셨다
폴더 폰을 가지고 친한 동생이나 친구를 만나면
너무 창피했다고 하셨다
아무리 변명과 합리화를 하여도
창피한 건 창피한 거란다
노트북이 어머니에게 어려울지 모른다
하지만 집에 오는 손님들의 입이 떡 벌어지게 하리란 것은
의심의 여지가 없다

연극을 보고

한 연극을 어머니와 세종시문화예술회관에서 보았다
너무 지루하고 재미가 없었다
근데 신기하게도 초등학생들이 조용히
매너 좋게 관람하는 것이었다
누구하나 튀는 행동을 하는 아이가 없었다
어머닌 연극보다 얘들이 조용한 게 더 신기하다며 웃으셨다
삼천 원 입장료만큼, 딱 그만큼 재미있었던 연극이
아이들에게도 재미있진 않았을 텐데 아마도
우리 조치원읍 아이들의 수준이 많이 높아진 것 같았다
그날만큼은 우리 모두 세종특별자치시의 멋진 시민들이었다

동그랑땡

명절이면 외할머니가 부쳐주셨던 동그랑땡
비계를 다져 계란 옷을 입히고 기름에 부쳐냈지
비릿하고 고소한 그 맛은 집안사람들 모두의 군침을 돌게 했고
어린 나는 그 맛이 최고의 맛이라 생각했네
철이 들어 동그랑땡에는 살코기가 들어간다는 걸 안 후
가족 모두를 배부르게 하고팠던 외할머니의 맘을 알게 됐지
이제 맛볼 수 없는 외할머니표 동그랑땡
진한 기름 냄새 맡는 날이면 몹시도 먹고 싶어진다네

조치원역

어릴 적 외할머니와 같이
읍내 시장에 가기 위해
기차에서 내렸던 곳
외할머니는 넌지시
나에게 묻곤 했지
나랑 조치원에 가줄 수 있니
내가 눈이 어두워
기차를 탈 수가 없구나
난 주저하다 결국
고개를 끄덕였지

곗날이면 외할머니랑
읍내 시장에 갔지
눈이 어두운 외할머니는
종종 시장에서
매달 가는 식당도
못 찾았지

곗날이면 만나는
오랜 친구들
시간이 지날수록

계원들은 줄었지
친구들이 점점
하늘나라로 떠나가고
안개가 자욱하던 날
외할머니는 결국
계가 없어진 걸 알았지
식당에서 아무리 기다려도
친구들은 오질 않았지
나는 그때 처음으로
외할머니가 슬퍼 보였어

결국 외할머니는 더 이상
조치원에 갈 일이 없었지
더는 만날 친구가 없었기에

외할머니는 조치원에 가는 날
행복하셨던 것 같아
조치원에 가는 날은
곱게 한복을 입으셨지

나의 어머니는
할머니가 되어
조치원으로 돌아오셨지
자신의 어머니가
돌아오지 못한 고향에
결국엔 돌아오셨지
조치원의 풍경은
그다지 변하지 않았지
어머니를 오랫동안
기다려왔다는 것처럼

어머니를 만나러
나는 주말이면
조치원역에 내리지
익숙한 풍경과 익숙한 공기가
언제나 나를 반기지
익숙하다는 것은 어쩌면
가슴을 뛰게 하는 것보다
더 사랑스러운지 몰라

화로

외할머니댁의 안방 가운데에는 화로가 있었다
쇼트닝 양철통을 반 잘라 만든 것이었다
화로에는 아궁이에서 퍼온 재가 가득하였다
재 속에는 타다 남은 숯이 군데군데 묻혀 있었다

겨울이면 어린 나와 누이는 화로 곁을 떠나지 않았다
외할머니는 우리들이 주운 은행을 구워주곤 하셨다
우린 작은 은행을 까먹으며 행복해했다

언제까지나 우리 곁에 있을 것 같았던 외할머니는
시골집이 아닌 대전의 작은 아파트에서 돌아가셨다
그때 내 마음속에는 추억이란 붉은 꽃이 피었다

어쩌면 추억이란 마음에 난 상처일지 모른다
그 상처의 벌어진 틈으로 눈물이 스며들면
우리는 쓰라린 상처를 꽃처럼 피우는 것이다
슬픔이 클수록 추억의 꽃은 더 크고 아름다울 것이다

가슴에 화로에 댄 것같이 뜨거운 고통이 있더라도
나는 남아있는 내 곁의 사람을 더 사랑할 것이다
그리하여 내 모든 사랑을 태워 화로처럼 재만 남길 것이다

아무 말도 없이 잠잠히 있기

시골집에 복실이가 들어온 이후로 하루가 더 즐거워졌다

집에 가족이라고는 어머니밖에 없었는데 복실이가 생긴 것이다

처음엔 개를 키우는 사람들이 이해가 안됐다

하지만 침묵을 깨는 건 개와 이야기하는 것이 좋은 방법인 걸 알았다

하루 종일 사무적인 이야기만을 하고 다정히 말하고 싶은 걸 못하는 건 슬픔이다

나는 침묵을 지독히 무서워한다

슬픔과 침묵은 같은 그림자를 가진 쌍둥이 같기 때문이다

예전엔 나는 말하는 걸 무척 좋아하는 수다쟁이였다

하지만 오랜 실직기간 동안 과묵해졌다

그리고 침묵에 익숙해졌다

슬픔과 고독이 내 글의 원천이었다

하지만 정말 오랜만에 사랑을 하고 나는 더 이상 슬픔의 친구가 되기 싫었다

이제 난 다시 수다쟁이가 되어간다

간혹 날 경계하는 여자들이 있다

나의 잦은 말 걸기를 부담스러워하는 여자들이 있다

그럼 난 어쩔 수 없이 그녀들에게 과묵해진다

나의 가장 편한 대화상대는 어머니이다
그리고 이젠 복실이가 있다
내게 결혼의 좋은 점은 사랑하는 여자와 매일 대화할 수 있다는 사실이다
난 대화의 화수분을 지금껏 찾고 있다

밥 한 숟갈

이유를 몰랐었다
밥 한 숟갈을 내게 더 주는 걸
어머니도 누나도 여동생도 모두 그랬다
다 같이 배고픈데 왜 내게 밥을 더 줄까
익숙해지면 느끼지 못한다는 걸 안 건
식구들 모두 감자탕을 먹으러 갈 때였다
난 당연히 고기며 감자를 건져 먹었다
하지만 이내 슬그머니 젓가락을 내려놓았다
모두 천천히 밥을 먹는 이유는
서로가 고깃덩어리를 양보하기 때문이었다
모두 먹을 수 없다면 누군가 맛있게 먹는 걸 바라보는 것
그것이 가족 모두 배부를 수 있는 유일한 길이었다

쓸쓸한 밤

가족과 떨어져 지낸 지도 이제 오년이 넘었다. 고독과 외로움은 쉽게 적응이 되지 않는다. 몸이 고단하여 고향에 자주 내려가지지도 않는다. 텅 빈 집만이 항상 나를 기다려준다. 사람은 결혼을 해야 하고 가정을 꾸려야 하는데 그 이유를 이제 알 것 같다. 언제쯤 난 쓸쓸한 밤을 버텨낼 수 있을까

빨간 스케이트

오병훈 시집

발 행 일 | 2015년 4월 22일
지 은 이 | 오병훈
발 행 인 | 李憲錫
발 행 처 | 오늘의문학사
출판등록 | 제55호(1993년 6월 23일)

주　　소 | 대전광역시 동구 대전로 867번길 52(삼성동 한밭오피스텔 401호)
전화번호 | (042)624-2980
팩시밀리 | (042)628-2983
홈페이지 | http://www.lito77.co.kr(홈페이지)
전자우편 | hs2980@hanmail.net

공 급 처 | 한국출판협동조합
주문전화 | (070)7119-1752
팩시밀리 | (031)944-8234~6

ISBN 978-89-5669-679-9
값 8,000원

* 이 사업은 (재)대전문화재단, 한국문화예술위원회에서 사업비 일부를 지원받았습니다.
* 이 책은 (주)교보문고에서 E-Book(전자책)으로 제작 · 판매합니다.
* 잘못 제작된 책은 바꾸어 드립니다.